Mama

mami

Papa

tati

Junge

băiat

Mädchen

fată

1

eins

unu

2

zwei

doi

3

drei

trei

4

vier

patru

5

fünf

cinci

6

sechs

șase

7

sieben

șapte

8

acht

opt

9

neun

nouă

10

zehn

zece

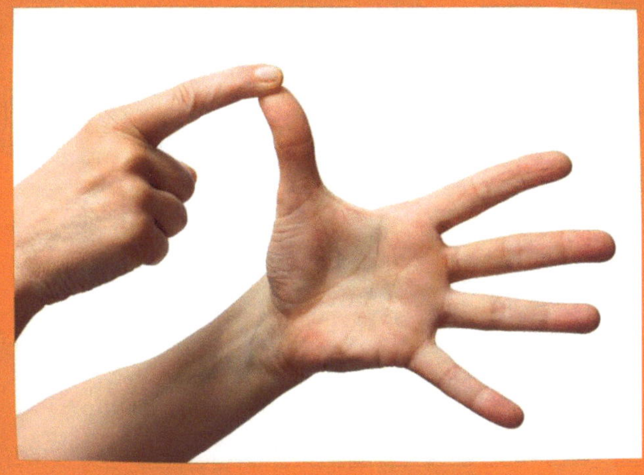

zählen

a număra

schreiben

a scrie

zeichnen

a desena

malen

a picta

Kreis

cerc

Quadrat

pătrat

Rechteck

dreptunghi

Dreieck

triunghi

Stern

stea

schwarz

negru

weiß

alb

braun

maro

rot

roșu

blau

albastru

gelb

galben

grün

verde

lila

violet

grau

gri

orange

portocaliu

rosa

roz

Apfel

măr

Banane

banană

Ananas

ananas

Wassermelone

pepene verde

Birne

pară

Weintrauben

struguri

Mango

mango

Pfirsich

piersică

Erdbeere

căpșună

Kirsche

cireașă

Orange

portocală

Kokosnuss

nucă de cocos

Zitrone

lămâie

Pilz

ciupercă

Mais

porumb

Tomate

roșie

Kürbis

dovleac

Gurke

castravete

Karotte

morcov

Kartoffel

cartof

Zucchini

dovlecel

Spinat

spanac

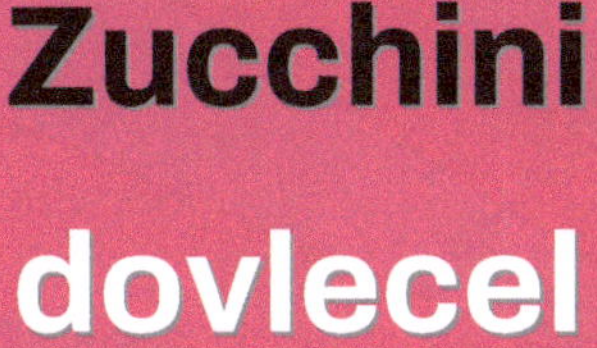

Blumenkohl

conopidă

Ei

ou

Teller

farfurie

Löffel

lingură

Messer

cuțit

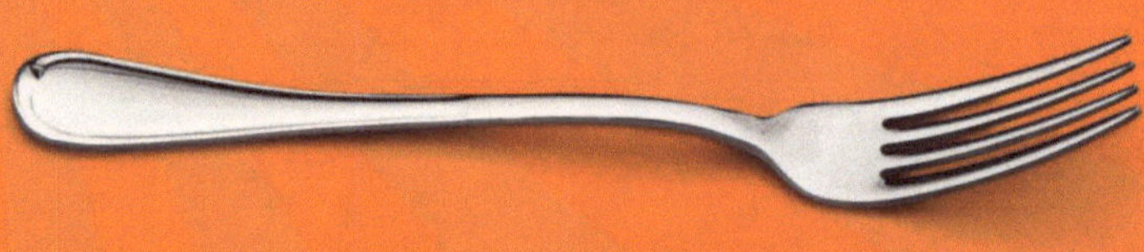

Gabel

furculiță

Kuchen

tort

Babyflasche

biberon

Süßigkeiten

bomboane

Käse

brânză

trinken

a bea

essen

a mânca

heiß

fierbinte

kalt

rece

 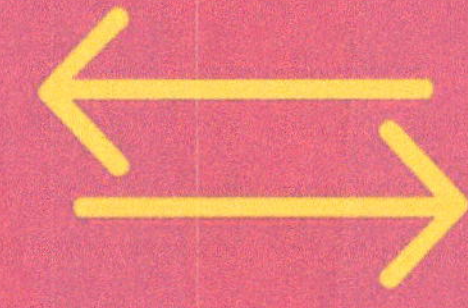 

klein

mic

groß

mare

 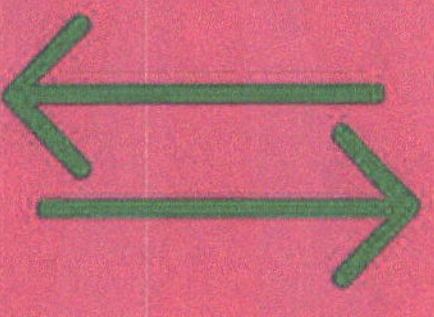 

kurz

scurt

lang

lung

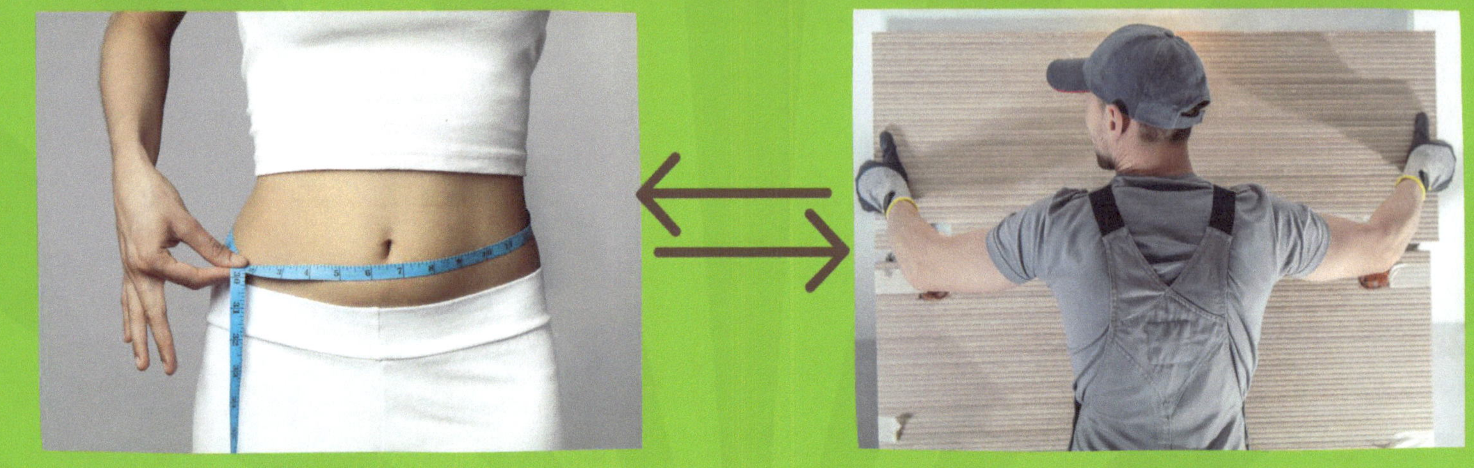

dünn

subțire

groß

mare

leicht

ușor

schwierig

dificil

aufstehen

a se ridica

hinsetzen

a sta jos

süß

dulce

salzig

sărat

schwer

greu

leicht

uşor

in

înăuntru

aus

afară

dreckig

murdar

sauber

curat

schließen

închis

öffnen

deschis

Bleistifte

creioane

Uhr

ceas

Schlüssel

cheie

Buch

carte

Bett

pat

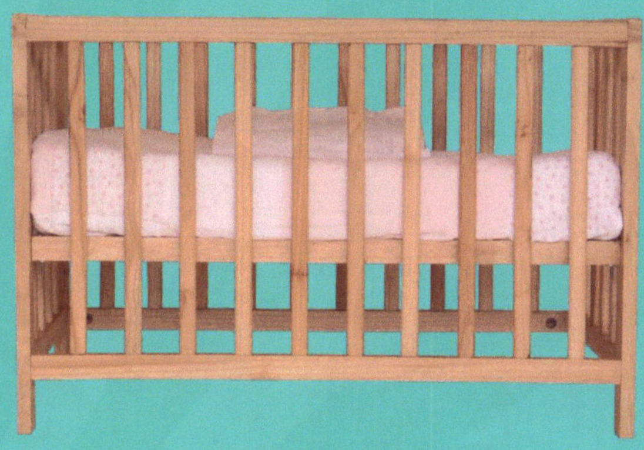

Krippe

pătuț

Tisch

masă

Stuhl

scaun

Auto

maşină

Fahrrad

bicicletă

Flugzeug

avion

Boot

barcă

Zug

tren

Hubschrauber

elicopter

Feuerwehrauto

mașină de pompieri

Feuerwehrmann

pompier

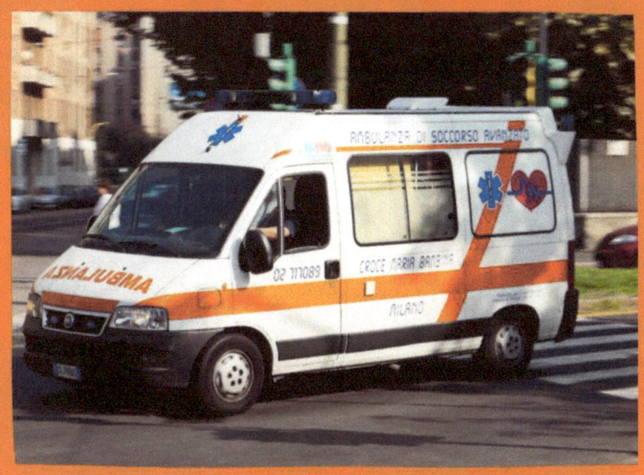

Krankenwagen

ambulanță

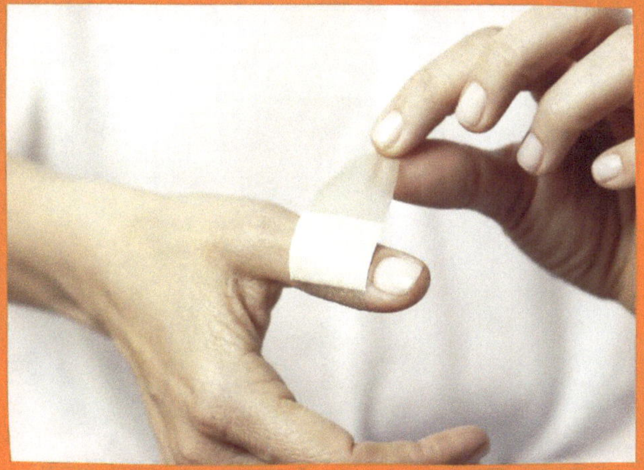

Verband

pansament

Rettungssanitäter

paramedic

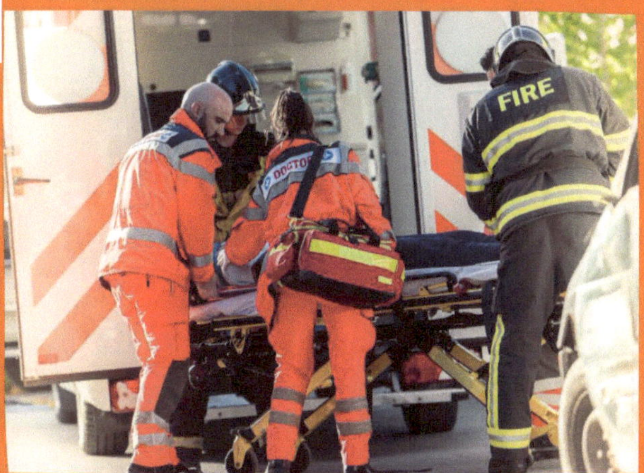

Rettungsteam

echipă de salvare

Wald

pădure

Berg

munte

Gras

iarbă

Sand

nisip

Baum

copac

Blume

floare

Schmetterling

fluture

Ameise

furnică

Katze

pisică

Hund

câine

Pferd

cal

Maus

șoarece

Kuh

vacă

Schwein

porc

Schaf

oaie

Ente

rață

Gans

gâscă

Hase

iepure

Fisch

pește

Tierärztin

veterinar

Doktor

doctor

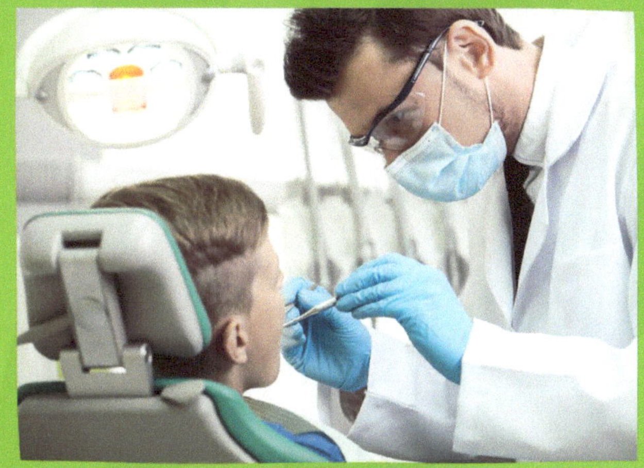

Zahnarzt

dentist

Apotheker

farmacist

Krankenschwester

asistentă

Kopf

cap

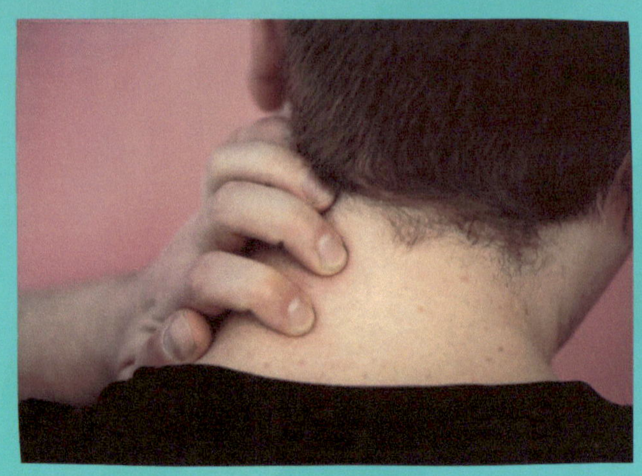

Hals

gât

Fuß

picior

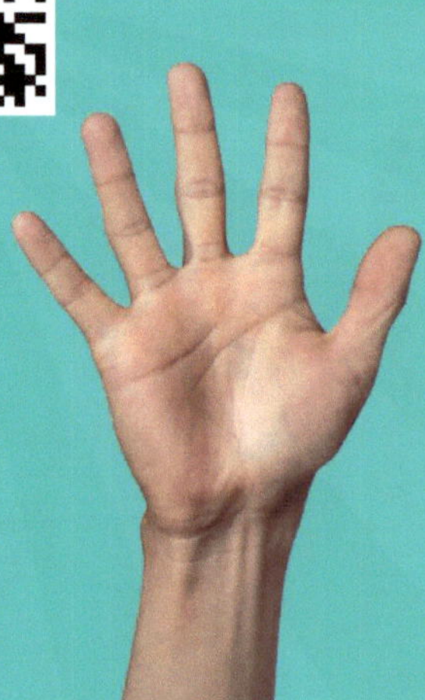

Hand

mână

Zähne

dinți

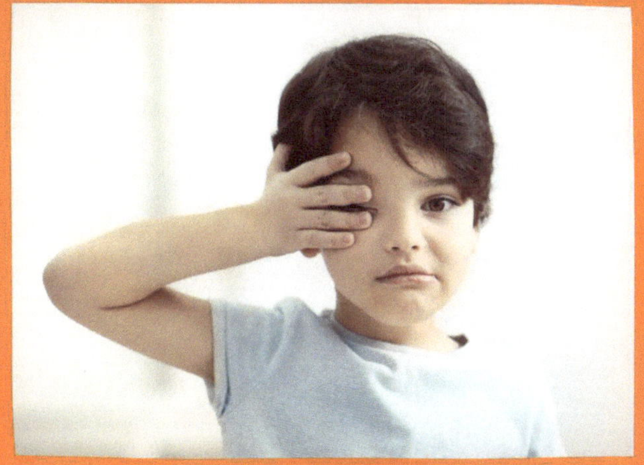

Auge

ochi

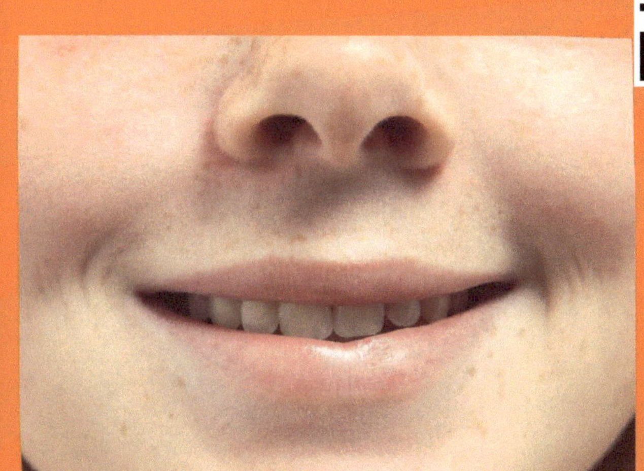

Mund

gură

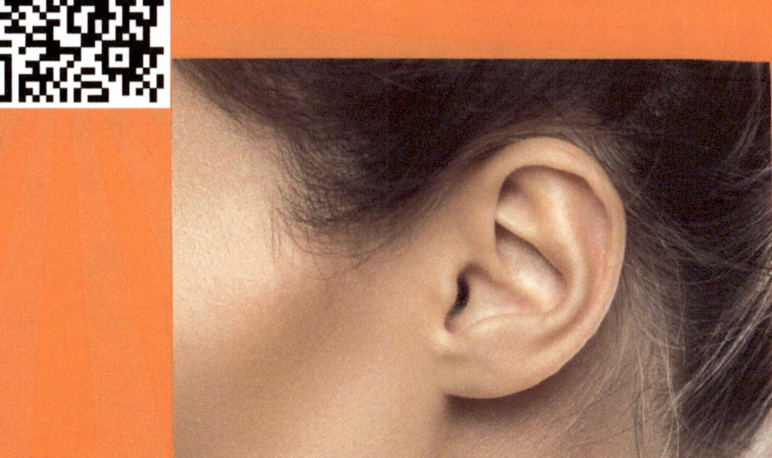

Ohr

ureche

Hut

pălărie

Kleid

rochie

Hose

pantaloni

Schuhe

pantofi

Mantel

palton

Schal

eșarfă

Regenschirm

umbrelă

Brille

ochelari

Sonne

soare

wolkig

noros

regnerisch

ploios

Mond

lună